Sammlung Luchterhand 244

Ernst Meister

Ausgewählte Gedichte 1932–1976

Nachwort von Beda Allemann

Luchterhand

Die Auswahl hat der Autor selbst vorgenommen.

Erstausgabe
Sammlung Luchterhand, Juni 1977
Lektorat: Thomas Scheuffelen
Umschlag unter Verwendung eines Fotos von Isolde Ohlbaum
Ausstattung von Martin Faust

Gesamtherstellung: Druck- und Verlags-Gesellschaft mbH,
Darmstadt
ISBN 3-472-61244-4

MONOLOG DER MENSCHEN

Wir sind die Welt gewöhnt.
Wir haben die Welt lieb wie uns.
Würde Welt plötzlich anders,
wir weinten.

Im Nichts hausen die Fragen.
Im Nichts sind die Pupillen groß.
Wenn Nichts wäre,
o wir schliefen jetzt nicht,
und der kommende Traum
sänke zu Tode unter blöden Riesenstein.

L'HOMME MACHINE BLEUE II

Die gelben Beine kreuzt der Mensch im Schlaf.
Die Knie kniet er tief in seinen Mund.
Das dunkle Auge träumt den dunklen Leib.

Der hochgedrehte Kopf dreht sich im Traum.
Die Träume träumen Träume ohne Grund.

DER GEBÜCKTE

Er geht.
Er hatte einen schlimmen Traum.
Er geht gebückt und atmet kaum.
Er geht.
Seine Stirn hängt ihm auf den Bauch.
Er geht.
Seine Hände sinken nach.
Er geht.
Seine Stirn ist auf den Fuß gefallen.
Er geht.
Und vor ihm rollt sein Kopf.
Der spricht die Litanei:
Ich bin bei den Würmern.
Mein Traum war schlimm.
Er geht gebückt in den Tag.

DAS DUNKEL

Das Dunkel fragt man nicht,
wie es ihm geht.
Es singt nicht.
Es hat keine Augen.
Dunkel ist ein toter Hund.

DIE KÜHLE

Der Mond blüht auf.
Der Sommer ist erblaßt.
In meinem Mantel weht die erste Kühle:
rote Kühle,
dunkelrote Kühle.

Hinter meinen Pupillen sind die ersten
Eisblumen aufgegangen:
gelbe, weiße,
grüne, grüne, grüne,
schwarze.

ALLES BERUHT AUF SICH.

Ich beruhe auf mir.

Die Stadt geht durch die Straßen spazieren.
Ein Berg steigt zu sich hinauf.
Eine Luftschiffschaukel bleibt im Schwunge stehn
 und besinnt sich.
Der Fluß spricht: Wohin muß ich fließen?
Gott spricht: Mutter, ich kann nicht mehr weiter.
 Es ist so heiß.
Die Chaussee spricht: Ich habe kein Benzin mehr.
Ein Abend umhegt die Welt und sagt: Guten Abend.
Mütter sprechen im Chor:
Alles beruht auf sich.
Sie lachen.

MELANCHOLIE

Und es ist Abschied jedes Wort,
zur Tür hineingeworfen des Totenhauses,
darinnen ein beinernes Haupt singt,
darinnen beinerne Finger spielen
das alte Lied:

Blaß ist die Innenseite der roten Apfelschale,
blasser das Kind auf der steinernen Stufe,
wenn der Abend kommt und es bebt,
nicht weiß, wo die Mutter hinging,
die weinte und unaufhörlich sagt,
daß ihr Blut rinnt,
daß sie ausrinnt . . . fortrinnt . . . fort . . .

Wesen, wo seid ihr, die die Worte halten und uns?
Engel? – Die Engel liegen in Särgen,
beschneit vom Staube der Seufzer.
Sie liegen in der anderen Halle des Hauses,
darinnen beinerne Finger spielen
das alte Lied:

Blaß ist die Innenseite der roten Apfelschale . . .

AUSFLUG DES SCHREIS

Das Schluchzen des Wilds im gewundenen
Jagdhorn ... doch was ahnt schon der Jäger davon?
Er hängt das Horn an die Wand.
Und weint das Wild in dem Horn,
taub ist die Wand.

Ein Schrei aber, ich, fuhr aus dem blitzenden Horn
an der grünen Wand, hetzte
über das Gesicht des im Schlafe noch jagenden Mannes,
stolperte über das schwarze aufgelöste Haar seines
Weibes und berührte kaum noch die roten Wangen
der Buben; verzweifelt stieß ich mich ab
von den schwieligen Fäusten der Jagdgehilfen
und den spröden Händen der alten Magd,
die im Schlafe stöhnte.
Hinter mir das Heulen der Rüden,
flog ich zum Nachtfenster hinaus
über den schwarzen Wald,
stieß in den großen Himmelsraum,
und das war
entsetzlich zuletzt, nicht zu ertragen.

Ich bereute,
kehrte zurück in das labyrinthische Horn,
das funkelte in der Nacht, und schlief
nahe der grünen Wand weinend
am sanften Felle und am Gefieder
trauriger Tiere ein.

GRÜNDONNERSTAG

Im donnerlosen Raume
schweben weiße Vögel um gläserne Harfen.

In den Furchen der Frühlingsäcker
flutet grüner Saft des Lebens;
gesammelt, ein Strom, wandert er auf Golgatha zu,
um sich in der kommenden Frühe – aschgrau die
Wimpern der blutenden Sonne –
mit barbarischem Essig zu mischen.

Schädelstätte! Todesbaum! Waage des Himmels, die
Gott wiegt!
Und morgen werd ich nicht im Paradiese sein,
sondern als Mahlstein Ängste zerreiben,
als Knecht der Erde Psalmen singen.

Feierabends gehe ich mit Magdalena auf dem
Mühlteich spazieren.
Mag die Büßerin Sonne dann weinen,
mit zitterndem Munde das Brot kauen, dessen Korn
ich mahlte!

Nacht wie Grab! Meine Beiwohnerinnen, die Engel,
stöhnen in schrecklichen Träumen:
Mutter Maria kann die Rätsel der Sphinx nicht
beantworten;
Josef lacht die vor Qual Sterbende schaurig aus.
Gott, der Vater, ist Optiker wie einst Spinoza.
Ergraut und erblindet, schleift er Linsen.

Mein Gott, mein Gott, wie schön die Mandelblüten
von Zion, meinem Traum!

NAHKAMPF AUF EINEM ROSENFELD

Das Ding in der Kehle
war nicht aus Schmelzschokolade,
auch kein Mandelsplitter,
vom Munde der Liebsten
zwischen die Lippen geküßt.

Das Weiße im Auge des Gegners
hatte die Schenkel der Mädchen vergessen,
war Todeshimmel, in dem schwarze Eier zerkrachten
und die Blätter der Teerosen stoben.

Immerhin
wurde der Mann in die Rosen geblutet,
an denen,
das sah der Gefallene unten,
feldgraue Läuse
wimmelnd nach oben stiegen,
um saugend im gelben Rosenbette zu siegen.

Und der hohe Himmel ward grau wie die Läuse.

IM STALLE ZU B.

Bei dir im Stalle ist's warm.
Auf dem Felde schlug uns mit Geißeln der Winter.
Heiliges Kind, entsprungen der schneeigen Rose,
leuchtend auf Stroh,
benetzt vom Seime der Kälber,
dich zu sehen sind wir gekommen,
nicht um aufzubürden dir
unsere dornige Angst. –
Und wir stehen
im Hauch der milchsanften Tiere
wie unter dem milden Süd.
Goldenes Öl rinnt vom Berg der Oliven . . .
Auch sind Davids Harfentöne
zu dir gekommen wie Paten,

und ist es nicht, als weile Uria hier,
der treu einfältige Hauptmann,
dem der König das Weib nahm, Bathseba,
und es schwängerte auf Wolken Jahwes,
Uria, salomonische Weisheiten murmelnd? –
Wie fern unsere stechende Angst,
da wir sehen, wie deine rosige Hand
aus dem Krippenstroh greift
nach des Mondes silbernem Horn . . .

Unter Mariens prophetischem Himmel
wandern noch immer gute Gäste zu dir
über des Schnees Leichentuch.
Und kürzlich ist zu dir eingekehrt
Tonoko, das Kind, mit tödlichen Wunden geboren,
das Mädchen, unter dem giftigen Pilz
in Hiroshima zur Sekunde des Blitzes,
Tonoko, an der Hand des verschwiegensten Schweigens
aus dem Schweigelager von W.

HASENWINTER

Hurra, Soldaten der Felderangst!
Ihr, in Reihe und Glied,
Köpfe in Tüten nach unten . . .
Stillgehangen, Hasen!
trotz Winterwind.

Ja, der Winterwind
fegt, blank wie Nagezähne, Silbergewölk
über den spiegelnden Himmel.

Auf dem Gipfel
beginn ich die Schneelawine,
ein kleiner Anstoß genügt, und
meine Schuld, Vater des innigen Himmels,
rollt über den Berg
zu Tal, wächst
und zerschmettert
meine Eisblumenfenster, davor
sie hängen, die Hasen.

Aufgewacht, Soldaten der Felderangst!
Rührt euch –
Weißklee, blau eisig, blüht auf der Höh!
Kommt, hoppelt zu mir herauf,
laßt es euch schmecken unter
dem Winterwind, wascht euch das
Blut aus dem Fell,
meine Schuld,
und tummelt euch endlich mit mir
auf den blauen Weiden des Schnees.

ZERSTREUUNG EINES FISCHES

Ja, das ist Chaos: als ein Fisch
zum Mahl erscheinen auf dem Tisch.
Das Auge winkt den andern Seelen überbrüht.

Vorhin noch heil und blinkend vor Geblüt,
liegst du nun dar dem essenden Gemüt,
beschaut, entziffert und beschätzt.

Und warst du schon zerschnitten und zerschlitzt,
teilt sich der Kreis in dich, der dich umsitzt.
Die Gräte bleibt und Fetzen, der nicht letzt.

Und endlich noch zerfällst auch du, du Rest.
Wo irrst du hin, da alles dich entläßt? –
Vom Topfe kratzt die Köchin fort den Leim der Haut.

AUS STROH EIN STRAUSS

Einsam zur Nacht
und doch nicht allein,
denn du bist mir treu geblieben,
mein Schatten!
Von der grauen,
von der sich werfenden Küchentapete
her grüßest du mich und stößt mit mir aus
den Rauch der tröstenden Zigarette.
Wie er über deinem Kopfe sich ringelt!
Hörst du aber auch
den grünemaillierten Wecker,
den eine zerstreute Hand stellte
unter das schlafende leere
Geschirr in den gläsernen Schrank,
hörst du ihn tickend
die Zeit zerhacken, so als
mache er Häcksel daraus?
Weshalb auf nächtlichen Feldern
werden die Halme noch lang?
Sie wachsen mir blind ums Gesicht.
Auf dem Tischtuch mit knallroten Streifen
die kristallene Vase, ach, sie hält
aus Stroh einen Strauß!

IN DEN FALTEN DER HARMONIKA

O dieser Musikant an der Grenze der Länder,
zufrieden hausend in der hennenwarmen Hütte,
wiewohl benachbart der schrecklichen,
nicht in Meilen zu messenden Arktis . . .
alter Mann, dessen Faltengesicht,
groß und rot wie des Ostens Mond,
fast verschwand in Haar und Bart . . .
dessen brauner zerfaserter Mund
voll war vom Ungeteilten,
dessen knorrige Hände
zogen und preßten zum heiseren Baßgesange
die schwarz silberne Harmonika . . .

Einmal –
er hatte sich schon rund um die Dinge gesungen –
hob er an zu beschwören,
was in der Harmonika Falten sich barg.
Und dies hier hab ich behalten:
Lorbeersame, Fühler des Schmetterlings,
Rosenasche und Wanzen,
Totenhauskehricht,
Splitter der ängstlichen Glocken,
Blütenstaub,
Nägel, daran getrocknetes Blut,
Tampon aus ewiger Wunde . . .

O dieser Musikant an der Grenze der Länder,
zufrieden hausend in der hennenwarmen Hütte,
wiewohl benachbart der schrecklichen,
nicht in Meilen zu messenden Arktis . . .

EINMAL WIRD DIE KATZE,
jene in dir, die lautlos springt
von Sinn zu Sinn, erjagt.
»Die Schätze, die im Glanze des
Nutzlosen leuchten«, verdunkeln sich,
wenn ein anderes Katzentier
aus deiner Augenwildnis fängt
das Rätsel voller Sehen zuletzt.

Jenen Augenblick aber, der dich stiehlt
aus dem Blitz der atemberaubenden
Schätze, siehst du nicht voraus.

APRÈS APRÈSLUDE

Brandenburgs Sand tat sich auf.
Einmal die Freundlichkeit,
einmal die Pein vorbei
und: Ende mit Satzbau.

Totsein an und für sich
nicht erfahrbar dem Ich.
Worte vom Vaterhaus
sind mir genehm.

Gönnt nun Vorüberziehn
Ton und dem Krach der Welt:
Marschbumms – ne Menge Blech –
Tambour, mit Tripper, grüßt.

Ah, nun ein Evergreen,
Efeulied, Benn in den Schlaf,
danke verbindlichst, und jetzt . . .

eine Rosenphalanx.

EIN KIND SAGT

Ein Kind sagt: Ich bin dunkel.
Frühling ist.
Der Gärtner geht zu Land.
Die Sonne geht
zu Land und See.
Es springen Türen auf,
es klappen Särge zu.

Bin ich denn hell?
Schnee sank ins Feuer,
und jetzt die Primel da.
Ein Veilchen hält im Munde
ein Mann auf See.
Ein Kind sagt:
Ich bin dunkel.

Da! Frau, die Haut
an deinem Hals wird alt.
Da! Mädchen, wie du
samten bist.
Es weidet meine Augen
ein Hirt – ich seh ihn nicht.
Ein Kind sagt: Ich bin dunkel.

ES WAR DA EIN ANDERES HAUS

Es war da
ein anderes Haus.
Doch bevor ich eintrat,
behangen mit aasigem Elend,
rief ich es an:

Du wirst nicht schallen,
Haus, von obsiegendem Lachen
über den Mann »ganz aus Wasser«,
deine Schellen nicht tönen
über den Mann »ganz aus Lehm«.

Und als ich eintrat, war
in der Tat kein Gelächter
noch Hohn der Schellen; es war
still.

Aber die Stille
war gefuchst auf Alarm; sie setzte
die erzne, die sich windende dunkle
Treppe hinauf, und sofort, als
wären sie beim Genick genommen,
eilten die Stockwerkbewohner,
viele Versucher ohne Augen,
auf Pfoten die Treppe hinunter,
mich zu umringen.

An meine Ohren hängten sie sich
mit einem Geflüster:
Des Nichtses Wimpern,
zeig sie, Lynkeus, uns! –

Sagt, nachdem ich
Zeugnis abgelegt
von diesem Wachtraum:

Ist denn wirklich,
unbezweifelbar – und wie,
ihr irrtet – ich sage:
wirklich, unbezweifelbar – und wie,
ihr irrtet – das Haus erbaut,
um dessentwillen ich
wie Gilgamesch nicht ächzen will,
das Haus, darin mitnichten
die Schellen hängen, das böse
Lachen lauert? Ich sage:
wirklich, unbezweifelbar – und wie,
ihr irrtet?

Hab ich nicht Liebe?

JETZT

Jetzt.
Jetzt ist lange her.
Jetzt:
September –
nachmittags.

Geruch
warmer Asche.
So, als ob ich,
heute verbrannt,
selber die Asche wär.

Bin ich da?
Bin ich's nicht?
Tellerrund
und von Äpfeln,
von Birnen schwer
ist das Licht.

Bin.
Bin mit den Blumen da.
Wimpern der Sonnen,
Kerne
in ihrem Pupillenkreis:
Augen,
meinen Augen ganz nah.

Bin nicht mehr?

Des Menschen Tag
im bronzenen Dunkel
ein Blitz.

Jetzt:
Ein September,
nachmittags.
JETZT
ist lange her.

DAS BLAU

Das Besinnen läuft
wider den Regenstrich.
Kein Regenbogen!
Ich ging in ein Dorf,
nichts änderte sich:
Ein geköpfter Hahn
flog gegen mein Fenster.

Kikeriki! – rufe ich –
Fahrt den Weizen ein!
Macht den Ochsen fett,
der da wiederkäut,
und verachtet mich:
einen Schnitter, der
in die Ferse sich schnitt.

Einen Schnitter, der
in die Ferse sich schnitt,
einen geköpften Hahn
zum Gefährten hat,
wenn er die einfachen
Wege hinkt und dem Blau,
dem verfluchten Himmelsblau winkt.

FERMATE

Zwinkernd mit Dornengebüsch:
Augen
hin über Hagebutten und
atmendes Meer.
In den Äther speit Gold
ein raubender Fisch.

Fermate: Braue,
aufgerichteter Horizont.
Sonne als Perle am Grund
und die Wracks
der untersten Tiefe besonnt.
Früheste Zeit und die fernste
gleichen sich sehr.

Komm, was sich Tod heißt,
über den funkelnden Strand!
Komm, hagebuttenrot,
komm, dornenbraun,
zeige dich, komm!
Scherzend mit dir,
bin ich den ältesten
Engeln verwandt.

ICH WILL WEITERGEHN

Ich will weitergehn –
zu Berge fallen,
zu Tale steigen,
ich will weitergehn.

Am Saume des Meers
steht der Tor,
und der Wind flüstert ihm zu:
Das Salz der See
kann nicht dumm werden.

Ich will weitergehn,
zu Berge fallen,
zu Tale steigen . . .

Ich besuchte ein Grab.
Der Kopf eines Fisches
durchbrach den Hügel;
sein Auge schaute mich an
zwischen Blumen,
mein Herz stand still.

Durch das Netz, das nicht fängt,
fielen Wünsche und Wunsch,
und das Schweigen sprach:
Den Bettler der Worte
wird der Himmel nicht schelten . . .

Ich will weitergehn.

EINGEBOREN

Ein Angler
sitzt im Fels
mit leichten Schuhn
und wirft den Köder aus.
Das Meer tief unter ihm . . .

Nun,
was den Tod angeht,
den Tod, der jedem
Gegend ist,
in die er eingeborn
(niemand, der nicht von hier),

warum nicht ziegenfüßig,
schwindelfrei?

Ein Angler
sitzt im Fels
mit leichten Schuhn.
Das Meer
wogt unter ihm.

PLÖTZLICH

Wie beschattet von einem hohen,
sehr fernen schwarzen Gewölbe,
tritt das Licht in sein eigenes Scheinen.
Jedes Ding, jedes Wesen
wird gesprächig mit ihm.

Der Baum wird grüner, brauner,
der Boden, die brotigen Mauern;
die Häuser entpuppen
ihr Weiß.

Noch eine Weile
steht das Schaf mit den säugenden Jungen
in diesem ätherischen Blühn.
Dann Dunkel plötzlich
wie bei einer Enthauptung.

HIRTIN

Die sie ruft, die Lämmer,
Hirtin,
hütet sie nicht auch
die Schemen solcher
Schafe, die sie überließ
den Schlächtern?

Sag,
mit welcher Stimme
lockt sie ihre Tiere
heimwärts
abends?

Aber sieh,
dann trotten
neben warmen Vliesen
in dem Strahlen
einer Liliensonne
Lammskelette.

ICH SAH

Mit keinem Gedanken gedacht,
niemals im Traum gesehn,
daß Wangen, die einer alten Frau,
wurden zu Apfelbacken, ganz rot,
zu berstender Kirsche
der murmelnde Mund.

Farbe für die Schiffe nimmt sie,
hat man mir gesagt.

Ja, sie sah ich,
in einem Schuppen der Werft,
wie sie sich einschiffte
mit drei Katzen und
bunten Konservendosen,
fein aufgestellt um sich her,

einschiffte in eine
vor das Gesicht gehaltene
Spiegelscherbe.

GEDÄCHTNIS

Es ist das Gehn, der Weg
und weiter nichts.
Die Schwermut blinzelt,
Sonne im Zenit.
Staub streuen lächelnd
Tote dir aufs Lid.
Es ist die Last
nie größeren Gewichts.

Verdacht gedacht,
Gram –
Bücher Grams gegrämt
und wiederholt
so Fragen wie Geduld.
Du holde Kunst . . .
Ist Sinn um Sinn gebracht,
erschrickt das Holde noch
in seiner Huld.

Es ist die Last
nie größeren Gewichts.
Dem Wendewind,
den du entmündigt hast,
folgt her und hin
der Gräser Haupt im Ried.
Staub streuen lächelnd
Tote dir aufs Lid.

Es ist die Last
nie größeren Gewichts.

SPRICHWORT

Entfernten Mondes
Funken im Gefieder,
Sprichwort im Hakenmund . . .
In den Augen der Eule
lacht die Nacht sich gesund.

Von sieben Gründen
sind neun verborgen.
Wär wohl zum zehnten
die Leiter zu finden?

DAS ICH

Die Nacht war Geduld,
ein einziger langer
Ton der Geduld.

Das Ich dünkte sich
Hirte und Hund und
wandernde Herde zugleich.

GEBORGEN UND GEFANGEN

Auf stummen Giebeln
standen weiße Hähne
regungslos.
Es glänzten
Schindeln und Gefieder
im Licht des Monds.

Im Strahl des Mondes
hielt und drehte ich
ein Kreuz.
Wie Lack
troff ab von ihm
zinnoberrotes Blut.

Ich fühlte mich
in einer großen Nuß,
mit Hähnen, Dächern,
Kreuz und Mondschein, Blut
– als Kern in ihr –
geborgen und gefangen.

HIMMEL DER KREATUR

Ohnmacht zieht ihren Strich
quer über den Himmel
der Kreatur
und ihrer Propheten.

Und kein Wunder
kommt aus dem Abend.
Demütig blinkt
sein Stern.

KÜSTE

Kehr dich
zu meinem Mund.
Ich sage dir
ein Schifferlied
unter die Wimpern:

Daß wir segeln
mit den Augenlidern
den Faden
der Küste entlang,
mit dem Licht im Gespräch.

ANTIQUITÄTEN

Antiquitäten. Trödel teils.

Nickt mir die Greisin zu,
Besitzerin des Magazins:
Wohlan! –

Wohlan. Die Kupfersonne sinkt.
Das Grau des Zinns
naht mit Notwendigkeit.

Was zielen noch,
und außerdem vergeblich,
historische Pistolen
auf die Sonne?

Sprich, Engel in Barock,
sag deine Litanei:
Ja, Zinn kommt ohnehin,
lockt Sinn als Wort herbei.

Sagst es; sprichst wahr
Vokale, Konsonanten.

Terrinen . . . Steckenpferd? . . .
irdene Bäuche . . . eins . . . zwei . . . drei . . .
nein: vier, mit Sprüchen, Löffelloch . . .
Terrinen, staubig fett.

Das T im Spiel.
Das T von Tau und Tugend,
Tiegel, Tröstung, Ton und Tor und Tat,
so blankes T, trüb zugeschneit
mit Staub.

Nächtige Spielerei . . .

Als Morgen kam,
ein Degen schnitt
auf seiner Schneide Staub.

Bowlen genug
und schon das eine
schnöde Ölgesicht – Charakter aus Tyrol –,
verschiedene Stangen Siegelrot,
alpakne Messer, Bronzehirt
zuviel.

Doch sinkt die Sonne nicht?
Das Grau bald da.
Wohlan!
Zinngrau kauft alles –

Antiquitäten, Trödel teils.

SCHWERMUT

Der Mond
rostrot
und als sei
er zum letzten Mal rund,

meine Wimper weiß,
sie ist wach im Tod,
da schwebt ihr, ein Nebel,
das Grab vorbei.

Sie ist Motte
auf einer Nessel, die blüht
zu dieser Sekunde . . .

In nie stillerer Sekunde
leuchtet auf eines Lammes Vlies,
grübeln die Himmel sich dunkel.

WEISSES MARK
quoll aus dem Feuerofen.

Dann ein Sturz
von Distelblüte.
Grüne Röhren zischten.

Dreier Männer Münder
glühend
spieen Kerne aus der Öffnung,

und von Grannen
war ein Wirbel
funkelnd um die Lippen.

SIE LACHTEN.
Sie saßen

grau
in den Flammen
und lasen

in einem Buch,
das ihnen sagte,

wie alles
verwirkt sei
für immer.

VERBRIEFT IST MODER.
Dermaßen
werd ich dich anblicken,
solcherart
wirst du mich erkennen.

Noch
in der Bernsteinkugel
wohne ich,

luge nach draußen,
sehe die Lilie feiern,
Distel stacheln das Licht,

noch in der Bernsteinkugel
bin ich.

Aber besiegelt
ist Moder.

Doch so
will ich dich nicht anblicken.
Wie solltest du mich auch
erkennen?

MANCHMAL
blickt Gallert hin,
Auge des Todlosen,
ob ein Wesen
noch da ist.

WAS GÖTTER WAREN EINST,
sind Schauens
hell lebendige Augen jetzt,
blaue Iris, blauende Pupille,
Blicken, das der Himmel blüht,
ein Beet aus Blick.

Nein, nicht leer
der Himmel. Nick nicht,
Staubgefäß, dem
schweren Blute, denn
von Wächtern oben, Betrachtern
deiner Wachheit, wimmelts.

Nein, nicht
leer der Himmel,
doch geklärt.

ICH WAR EINE HERDE

Ich war eine Herde
und rupfte Erfahrung.

Des Hirten Stab,
Sterne antippend

und Gräser: da,
die sind

das bittere Beste,
das Grünste.

Und Schatten
unter dem Rand seines Huts

und Licht um die Hände
des Hirten

und ich eine Herde
mit rupfenden Zungen.

NACH TUNKENDEN DONNERN

Nach tunkenden Donnern
die Teiche wieder glatt,
die Lettern der Blitze
getaucht auf den Grund,
und,

als wäre Einfalt
denkend geworden, nun
die Wasser, die vorhin
ganz dunklen, durchzuckt
vom Silber der Fische.

ZEIGEN

Da war,
da war doch,
vom Wassertode gefangen,
ein Schiffer.

Vom Wassertode gefangen,
stieß er
durch den Spiegel der Wasser
und zeigte uns,
zeigte uns fahrenden Schiffern

eine Handvoll
Graues vom Grunde.

VERHÖR

Ins Verhör
nimmt dich mit Schweigen
ein Stein.

Nun
aus verwestem
Ja und Nein

auferweckt,
kannst du unerschreckt

durchs Öhr
solcher Schöpfung steigen.

MOND

Oder dich,
fromm an den Handgelenken,
nimmt Mond gefangen
mit scheinenden Schellen. – Da

rührst du dich nicht
und möchtest
ein Nachtlied erdenken

wie gestern die,
so gestorben.

WOMÖGLICH WOHNLICH

Wohnend auf einem Rund,
das die Toten womöglich noch wissen.
Reif hängt funkelnd an ihm,
wirkliche vielbunte Blumen,
Nußzweige
halten sich leicht an ihm fest.

Und innen im Kreise ist,
über Mord, dennoch Siesta im Garten,
anderwärts Eislauf,
ein gemeinsames,
ein verweilendes, wenn nicht
wohnliches
Licht, sehr
erstaunlich.

WINTERLICH

I

Hier, wo die blutige
Wildspur endet,
der Jäger in Stricken liegt
und sein Hund Schnee frißt,
ein schwarzer Hund,
sind meine Augen sehend
von Kristallen der Luft.

IV

Schnee fällt.
Die vielen Wimpern
währender Augen oben,
die weißen Wimpern,
die sich lösen, fallen.

Das Jung- und Alte,
schlafend Wache,
Reine, – ach,
das unerbittlich
Winterliche,
den Leib betauend . . .

Der Kinder Münder
fangen Flocken sich.

EINFACHE SCHÖPFUNG

Mit Singen eines
Vogels schwankt
ein Zweig
vor allem Tag,
und einfach ist
der Plan
von Lied und Zweig.

Den Plan, den sing.
Du wirst erspähn
den Lidspalt dessen,
der sich selbst
höchst wundernimmt,
obwohl
aus diesem Lidspalt
Tiere hungrig stürzen,

Wölfe,
deren jeder sich
mit eigenem Fange
auffrißt
in dem Lauf.
Da bleibt nur übrig:
Haar, das schwebt,
und Chiffren.

EIN KIND

Blickt auf die Schale
voll Zeit,
sieht nippen
den grauen großmächtigen
Schmetterling,

ein Kind,
und geht,
schwarze Schafe zu hüten
im Finstern.

AUF JENEN HARMONIEN

Auf jenen Harmonien schwimmen
Herkules und andere,
von Todes wegen
nie mehr stark und schön,
und was
an Unsinn, Unrat
diese Tage häufen,
man
erbricht sich
mitten in der Sonne.

Es wird
ein Kind herbeigesehnt
von allem Staub,
das die unnüchternen
Gehirne
ändert.

DER GRUND KANN NICHT REDEN

Der schreibt kein Tagebuch,
Grund, der aus Totem und Toten steht,
der die Säulen aus Wasser trägt
und die immer
geschlagene Flotte der Worte . . .

Er, behäuft mit Verrott und Dunkel,
kehllos Ohnsilbiger unter
rudernden Flossen, fahrenden Kielen!

Stoß ich hinab?
Ich griffe im Finstern wohl
wie faulen Zunder
phönizischen Kindes Gewand,
gelöstes Lotblei,
irrendes Echo, das
Wrack einer Laute . . .

Tauche ich?
Ich suchte mit Lampen, ich fände
ein Logbuch, welches jedoch
von des Totseins Bewandtnis
nicht spricht, sondern allein
von des Unterganges Beginn:
WIR SINKEN. WIR
WERDEN GRUND.

SKORPION

Vor jenem überaus Genauen
(samt der Erkenntnis,
Wirklichem zulieb?)
narrt der metallne
Spiegel einer See.
Von einer Trübe außerdem
weiß man die Spur.

Verlust Verlust. Skorpion.
Den hörte ich
zum Fische sagen:
Was ist es,
das uns sticht?

Gewog seh ich, Gewölk;
ich sehe Asche schwirrn.
Des Vogels ausgerißne Feder
tunkt hin ins feucht
Verwesende. Sie schreibt,
was nach uns ist.

BEZIRK

Licht
der Kamille, falben
Unkrauts Arom,
Iris, ein Strauß,
vergor
zwischen Aschen.

So rosen wie grünes
Verdorbenes quoll,
überwälzend
Nesseln,

als auch aus
Rotem, beflecktem
Roten sich stülpte
gähnendes Gras.

DAS PFEIFEN DER FLEDERMÄUSE

Jedes Haar auf dem Haupt,
aber auch der trübe
Fleck an der Zimmerwand

und die von Zimmern
Myriaden entfernten
Nebel aus Staub . . .

Was meint
das Pfeifen der Fledermäuse,
wenn die Dämmerung

unter den Augen pünktlicher Sterne
Asche
dem Horizont hinschüttet?

VOGELWOLKE

Ein Abend,
starrend von Staren . . .
und wärs auch
Wortspiel, es schafft sich
Wahrheit,
so schwarzes Gezwitscher,
ein unerhörtes
im Labyrinth.

Das muß
der Herbst sein. Er
runzelt die Braue:
die Vogelwolke
steigt auf aus
besudelten Wipfeln

und nimmt nach
Norden
unverständliche Richtung.

STROHERNES LICHT

Halberlei
ganzerlei Sinn-
entsonnenes. Wer es

zirpen mag,
tu es
mit Halmen
strohernen Lichtes
von jeglichem Tag . . .

Jeglicher Tag, und
der blickt
ins Gehäuse
der Spinne, und nur
dich
wundern wahr-
scheinlich

die allerlei
leeren
Chitine, mit den
Fäden geregt,
wenn aus
so einem weg-
geschmissenen
Becher der
Mauerspalt
Wind trinkt.

DROSSEL

Wie lacht
das Grau der Luft, wächst
solchen Abends Gras
und Stille laut, schwebt
Motte, Blütenblatt, huscht hin
am Pfad Gesäm! Ach,

Drosselsingen, während
Grübeln lungert! Blut-
dunkle Buche. Den Alp
gedacht, es rage
ins Laub der Hals, das
Maul von einem jener ungeheuren
Tiere – äse. Grübeln

lungert (vielleicht
fragt sich selbst Gott
in dem Gespinst, ob
es ihn gebe und, sofern
ihm dies gewiß, er
Gott gewesen auch
der ersten Zeit). Grübeln

lungert, lugt
ins immer Dichtere. – Seele,
spät, dir selbst
zu schwer, wirf nicht
dein Blei ins
Drossellied. Das
endet jetzt.

NÄCHTLICH

Inwendig: Grüner
Ort der Nacht, wohin
ich Häupter zieh
an langer Seufzerschnur
(Liebreiche, ihr
aus abgestorbener Zeit!) und

draußen: Getier
der Luft, spreuleicht, befällt
die Lampe, verirrt
sich irgendwo an mir,
schwirrt um die Muschel
meines Ohrs, berührt
mir Lid und Mund.

Von Nacht umschränkt
(gedenkend euer,
euer, die
ihr Liebe habt) – jetzt

grell, ver-
brannt, ent-
schält in-
wendig,
wohin

ich
Schädel zieh
an langer Seufzerschnur.

EUCH, TULPEN, NARZISSEN

Da mich mein
Traum gereut:
euch, Tulpen, Narzissen,
bekenn ich den Traum:

daß ich stand
hoch über Grüften
auf Lerchenstiege
gealterten Turmes, ein
Räuber der Glocken, der
stundentönenden;

die ich hinabstieß
beim Zürnen der Engel, beim
Schrei'n der Dämonen.

Euch, Tulpen, Narzissen,
bekenn ich
den Traum.

STERN DER REISE

Die eine Wange rot und die andere
weiß; wohin
wollen wir reisen, meine
Väter, meine Mütter,
rufend den Hund, der
vor dreitausend Jahren hinstürzte
    in Ägyptens Staub?

Gib Erde zu trinken, gib
Wasser zu kauen,
Stern der schmückenden Eifersucht,
Stern wider Milch und Blut:
Stern der Reise!

Nach abermals Zeiten,
wenn zu zahlreich fast
Hügel und Hügel geschliffen sind,
der junge Schrei, der
unter dem Hügel hervorbricht des Schoßes,
wird auch er noch
lernen, was eher gefühlt war:

die Götter sind tot,
doch ihre Schatten selbst geben
Nahrung dem Neide?

ICH SAGE ANKUNFT

I

Ja, das Licht
aufrecht
über dem Abgrund.

Wer spielt
seine Weisheit,
wer weiß
die Fülle seiner Torheit?

Ich sage
Ankunft
hier bei des Lichtes
wirklichem Schilf.

II

Von der Spitze
des Dorns
die Formel geerntet.

Die leicht war,
wird schwer auf der Hand,
entfällt ihr.

Und sie schlägt Wurzel,
wird Rose
an dieser Stelle.

DIE MEISTER ABER SAGEN

Die Meister aber sagen:
»gekrümmt«.

Und so träumte ich
ein Tier, den
Tiger des Alls,
im Willen zum Sprunge verharrend.

Niemals gewinnt so
ein Rachen Beute,
den Bissen, der sättigt.

Gelassen
geht der zur Tränke.

WIRKLICHE TAFEL

Wenn die Schieferwand bricht,
gewinn ich
die wirkliche Tafel,

schreibe den Berg darauf,
rieselnden Schieferberg.

Schwalben umstechen ihn
und den wachsenden Wein.

Ihr Nest:
die Achsel
des Herrn auf dem Weinberg,

die Achsel des Bettlers.

ATEM DER STEINE

Ja, sie, die sich vergißt,
wenn der Sturm bricht
aus der steinernen Höhle,
Windgott, geharnischt;
vergessen: Sprache.

Getilgt; und wieder
geerbt in des Lebens
Rede von Traum und Leib . . .

Sie aber haben Gespräch:
Steine mit Steinen,
klirrendes, spröde
Lettern, mächtige,
in der Höhle Schlund,

und sie werfen,
was sie selber nicht sind,
Atem jäh
über den Erstaunten.

ZEITEN

Nach einem Regen hangen
Tropfen
am Fette der Rosen.
Die Schnecke
trägt hoch das Haupt:
Hier wie in Grüften
ist Weile.

Schnee blüht
durch des Lichtes Neigung.
In einer Mulde sitz ich
bei purpurnem Schatten.
Gespräch
zwischen Lilie und Aster
hat mich gesponnen.
Wie Äpfel
schmeckt mir
der Schnee.

ES IST DIE STUNDE,
daß Rosenfinger
den Schläfer greifen beim Schopfe
und sein Gesicht
tunken
ins Grauen eines Traums.

DEN ICH NICHT WEISS, nimm du
das Rätsel; die graue Rose springt
unendlich über sich; ich suche
nicht Finden mehr, nicht Suchen (im Raume
fällt und fällt ein Blei); nimm
den Mond, laß scheinen, was
nicht scheint (»du«
jetzt ausgelöscht); so hängt
ein Fleck am Himmel (weiß es
die Sonne? Göttin ist sie nicht), indes
ein Mund, der schweigt, den meinen
von fern ein wenig lehrt . . . Nächstes
entfernt sich; Fernes leidet
im Wort und leidet nicht; Not
ist bevor und leidet.
Tod
ist nicht Mond
dem Toten.

ETÜDEN (Auszug)

Nacht, wo der
Diamantberg glänzt
und Rabe und Nachtigall
zur Schaukel machen
den werdenden Mond.

Diese langen
Regenfäden
enden nicht
in deiner Hand.

Wo das Kreuz ist
der Sanduhr,
wurzelt der Blitz.

Die Sorge: als Wind
bespringt sie
den Rand
erblickter See,
verdingt sich
als Segel
dem Grunde.

Woran gebrichts?
Kind sagt dirs nicht
noch Vogel.

Zeit, zielsüchtig sonst,
spricht plötzlich dir
von Raum.

Mit schönen Knien
kommt
Vernunft vorbei.

Am Meer
ein Lachen, sie haben
den Fisch gefangen, der spricht.
Doch er sagt,
was jedermann meint.

Gedichtet ist
der Stein. Ich berg
ihn in der Hand
und weiß zugleich:
ich steh
in seines Falles Bahn.

Das Betretene
vervollständigt
sein Gerücht.
Alter Raum
nimmt zu
durch Beschreibung.
Zu riechen rings
das nicht Deutelnde,
vom Notwendigen
Haut und Haar.

Auftrittlos
kamen sie,
Geborene,
eines zu grüßen,
das schon weilte
unter ihnen
und wohnte.

Not war
gewendet in
Wahrheit der Not.
Nie Tod
käme gewandet. Doch
ein Schönes
erschien.

ES IST ABER

Es ist aber ein Schädel:
Himmel,
ein Haus aus Türen,
deren Hüter
gehen aus und ein und immer
einander entgegen:
die Zwillinge.

Daß der eine
schwarz sei und der andere
weiß, und
die eine Tür
mein Tod sei und dein
Tod, alle Pforten,
und die andere
dein Leben und meines, alle
Pforten: diese
Ordnung

anvertraut
dem lidlos bewußtlosen
Gott,
dem nicht ewigen
Auge hier
aus Feuer
in seiner Nacht
in der Höhle,
die duftet von Asche
und Milch, wo ich atme
von einer Lust her.

Raum.
Ruh und Unruh.
Raum ist ein Schloß,
und Raum ist der Schlüssel
für Raum,
und es klirrt
von nicht Endendem
über Gärung,

und
ich lege
in unverdächtigten
Träumen der Zeit
um den Hals mir
Geschmeide, dunkle
Blitze von Steinen,
Tod von uns allen,

denn geborgen im Haus
ists dennoch
Verderben
und ein Gebettel
aus Armut und Glut
ums Bleiben,
Geläut
in durchlöcherter Kehle.

HIERORTS

Fern liegt Eleusis, rauchend,
mit Staub bedeckt,
ein Vorort . . .

doch als sei es
herübergekommen von dort
in diese Gegend, Gewitter,

blästs
um den Aschenberg,
duften wie Eisen um ihn
seine Donner,
lassen die Blitze
das fahle Unkraut erstrahlen,
Wucherndes, dessen scharfes Arom
dir zum Hirn dringt . . .

und es zeigen die Feuer des Himmels
dir übergenau
das schrumpfende Tierfell
mit ekler Behaarung,
ehe die Donner gebieten:

Wende es um,
rufe herbei von Eleusis
die Schatten der Mysten!

JENSEITS VON JENSEITS (Auszug)

Abwesend zu sein,
begehr ich,
zu schlafen auf
gewesenem Hall der Glocken,
dort, wo der Abschied
ein Gewand anzog.

Daß ich nicht friere . . .
von blutigem
Taubengefieder bedeckt,
nachdem ich dich grüßte
unlängst
beim Meer.

(Du, zudringlich,
mir zu erscheinen.)

Nachtzeit, Nacht-
raum, darin
Seidenes schimmert,
von ungefähr blechern
sagen die Glocken
die Stunde, es ist
Sommer November
vor der Stadt überm Meere,
ein Hahn
kräht um zwei.

Es sind ja
Statuen
nicht weltempfindlich.
Diese beim Tore,
wie dieses verwittert,
emphatisch gewandet, ist kopflos
so prächtig.

Du, hoch im Sonnenbaum . . .
und ich stellte aufeinander
die horizontischen Hügel,
nach deinen Knien zu greifen.
Ich bat den Mittag um Hilfe,
bat um seines Lichtes Leitern.

Abends, ich lieh
meinen Schläfen
vom Grau der Taube,
und mit Licht vom
Untergang
kam ich hinunter.

Denn nun saßest du
im duftenden Dunkel,
im Grab
tief unter Oliven,
und warest hell
noch immer
und hießest mich reden.

Die Vögel aber,
die im Staube baden,
werden Recht behalten,
denn du
bist gegen dich;
du beginnst,
Kronen zu tragen aus
erstarrendem Wogenschaum,
von hoher See
her aus
dem Eigensinn
gewünscht,
und die Abendrubine
heftest du daran
und weißt nicht,
warum diese Unlust.

Sei es nun
gegen Abend oder
am Morgen:
wenn der Wind geht
an den Gestaden
in unentschlossener
Jahreszeit,
raschelt
das harte Laub des Feigenbaums
und das bestaubte
der Bäume beim Hafen,
darin Scharen Sperlinge
widerwärtig zwitschern.

Du bist nicht
zu dir, du
bist nicht zu mir.
Auf Hügeln werfen
die Wassergeister
sich deine zersprungenen
Spiegel zu.

Du bist nicht
zu dir, du
bist nicht zu mir.
In grüner Lücke
macht sich der Tod breit
mit Küssen.

Gefieder, aus-
gestrecktes,
von Wolken das
Augenblickliche,
düsterer Westen, und
es beschreitet
der starke Abendstern
die Meerestenne.

Wir hören
das Mahlen
der Windmühle
auf dem Fels.

So sind mir nicht
die Eingeweide des Denkens
verschlungen
wie dieses Feigenbaums
Gezweig
in steiniger Mulde
am Meer
unterhalb
der gewaltigen Burg
mit dem Mauerriß und
kein Baum
sonst.

Grau. Weiß.
Alt. Versteint
das Holz. Mit Äxten
unsere Namen
hineinzuhaun, kann kaum
gelingen. Baum,

über die Weisheit
hinaus.
Wenn Myriaden
Tode vergangen,
wird er gleichmütig
gedeihn
zu einer Frucht,
auf die,
mit seinem Hunger,
der letzte Vogel
sich schamlos stürzt.

Tags
auf dem Dach
der Kapelle
halten die Tauben
Konzil.
Oberster Rat
ist die Palme.

Wenn aber
der Fächer verschwand
und kein Rat ist
um Mitternacht,
klagt
gleich alten Weibern
eine Katze.

Dann Rascheln
von Binsen,
wo Schwarz weht.

Noch einmal flog
ein Vogelschwarm
an uns vorbei,
in den Augen
ein anderes Licht
(nicht aus Nestern
des Himmels noch
der Erde).

Jenseits von
Jenseits. Die
Schnäbel rubinen.

DENKEN, grün oder
falb: der Faden
ist gedreht ums Gebein,
das kommt
von weit her.

Manchmal aber
laß ich den Menschen los,
ich lasse, in
Morgenfrühe besonders,
mich hören
das schlündige Rufen
der Tiere, der
groß unbeholfenen
der ersten Erde.

Nämlich den Anfang
will ich
in ratloser Späte
erinnern,
wissend
über meinem Wohnplatz
ein einstiges Meer.

UND ICH WILL MICH

ans Gehängtsein
gewöhnen:

der Himmel
größte Öse
des Hakens, daran
der Strick mit der Schlinge,
die mich hält
in den Achseln.

Pendel.
Im Schwingen
ist Zeit zu denken
der Gräser . . .
des Leibes
verwegene Zeit.

ETÜDE

Umhin kommt
nicht das Jetzt
ums Jetzt. Das bringt
einander
um, das
Jetzt und Jetzt.
Wer stürbe
außerhalb des Todes?

ANDERER AUFENTHALT (Auszug)

Auf züngelndem Pfade
jäh mittags im Südland
erblick ich die Schlehe.
Gedrängt ihre Beeren,
so rund wie der Himmel,
blühn einzig ein Blau.

Nun will ich gedenken
am Busche vorüber,
den Dornen rüsten,
der seidenen Schuhe,
die Toten man anzieht,
der leichten, der schwarzen,

und lebend glauben,
ich habe sie an.

Und es trugen Skelette
im heißen Licht
in Scherbentöpfen Lavendelgeruch
und ließen Vorsicht walten
beim Hinaufgehn,
doch meinen Atem gelten
in der Windstille.

VOR EINER ZEIT NOCH
wiedererschienen, ein griechisch
Gewölk, sie kann
nicht noch einmal
kommen, Helena, es ist
eine andere Meldung
vom Wetter. Allein
die oft gestorbene
Nacht
schmeichelt noch immer
mit Kunst sich her.

Wir danken aber Gott,
daß er selbst
es grübelt, was
zu glauben sei.
Du lebst, die Wange
bei gespannter Kalbshaut,
dahinter, in Klüften
der dünnsten Luft,
aufgehoben sind
die Geschlachteten
schmerzlos.

ODER BEIDES

Allmählich
bei den Haaren ergriffen
von den Lilien,
ihren Feuerhänden,

als solle es sein, es habe
einer zu sprechen, Mund
in den schwarzoffenen
des Himmels –

als solle es anders
sein:
auf dem Felde
zu gehen mitten

im eigenen Leibe
und irdische Rede
zu finden.

Oder beides.

ALTES MOTIV

Unterm Vollmond
blästs
um laubiger Bäume Sargholz.
Mir ist ein Geschmack,
selbst im Zimmer,
vom Winde, und zufrieden
bin ichs, daß um die Kugel,
die langsame droben,
ein mitfahrend höflich
Gewölk sich befinde
mit Schimmer.

ETÜDE

Durchs Fenster
schick ich
die dunkle Vernunft,
mit der Gegend
zu reden.

REDEN UND SCHWEIGEN

Entgegen
ist mir das Schweigen
des Steins: darum
schreib ich
den Laut vor Nacht,

und eines sagt:
Zuwider
ist mir Sagen,
darum schweig ich,
rede mit niemand,
auch nicht mit mir,

laß scheinen
den Mond
auf eine alte
Figur

(die weiß,
wann ich geh
von hier).

MENSCHENLIED

So ich leider
nicht immer kann bleiben,
will mich zusammenfassen
in Liebe vernünftig.

Was sich vermochte,
will ich vernehmen;
sieh: an Gestirnen genug
und an Antlitz.

SICHERHEIT

Ist jede Feder, jede
winterliche des Vogels
der andern vertraut
durch den Winter,
kennen die Flügel einander
durch Sinne des Fliegens.

Wir sind mit Federn und Flaum
und den Flügelpaaren geflogen
zu der Schwäche dahinten.

HIER – wie
leb ich so lang,
vom Himmel,
scheinender Schale, umgrenzt,
welche die Torheit
gedeihn läßt
allgemein auf der Fläche.

Nicht erhaben die Stelle.
Irdisch, im
Abergrund Ungrund
tut die Arbeit ein Stern.

Wie er kreist und
sich dreht,
stehn und schaun meine Augen,
seit kurzem
minder erstaunt.

. . . DAS WÄRE
das Schwinden
fort von der Ecke
mit ihrem wunderlosen
Weltschein,
selbst sie
nie noch einmal
erreichbar.

HIMMEL
gibt es am meisten
(Götter keine),
aber es gibt
dies Unglück:
Stern des Möglichen.

SPRÄNGEST DU DENN
über den schönnamigen
Berg,
glaubend ans
Unbekannte (wie sie es
nannten)?

Kraft des Gebeins
sehender Schwäche
weißt du vom
Selben des Wirklichen,
dem allüberall
Ununter-
brochenen.

Daher, unter
dem steilen Licht,
am kriechend
stehenden Ort
bleibst du.

MITTAG, großes
Geräusch.

Laß
den Zikaden
die Zeit gehören.
Fabelhaft
klanglos
ihr Strich
an sich selbst,
den Zikaden!

DAS GEFLIMMER, das
Sicherzählen
des Scheins dank
windbewegten Blattes.

Der Abend kommt,
wo ich,
am Menschen schleppend,
hin und
her geh.

UND BEI
dem Stein
nichts gedacht

als sein
Blankes
vom Regen,

der ich,
meiner denkend,
hingeh

übers Blanke,
staubig,
Sohn der

die Pfade, die
Sträucher umwindenden
Schlangen.

ICH MACHE MEIN BETT
in der Zeit,
ihrem Grün,
ihrem Schnee.

Mich schmilzt
der Schnee; mich färbt
das Grün
grau.

ICH SAH
ein Wild, es stand
in der Lichtung
lebendigen Hauptes,
im Rücken den Forst,
das Rund der
grausigen Sonne
im Blick.

IN MEINEM BETT
nachts
auf dem Stern,
dessen Fahren
ich nicht gewahre,
im harmlosen Dunkel
des Zimmers
die Arme zusammengelegt
überm ungehörten
Herzschlag,
saus ich gleichwohl
in der blutigen
Finsternis Haus.

REGENBOGEN –
dämmrig, ein
Altes schlägt
die Augen auf,

es blickt
aufs Freie
und schickt dich
an dessen

füglichen Rand,
wo ein
Seufzen ist
aller Geister.

IN DEM GEWÖLBE, dem
festen Schein, mit dem sich
der Abgrund, Himmel,
schmiegt um die seltene Erde,

kann sich zeigen ein Riß,
ein Klaffen, aus dem
das jenseitige Schwarz
trieft: grauser Äther.

WO ES
wohnlich scheint;
gelebt wie
gelebt, mit der
Sorge und im
guten Geschwätz . . .
wo Mittag und
Mitternacht
hingehn
unbefragt
und der Morgen
verheißen kann
dies und das.

DAS HIMMLISCHE:
die Innigkeit,
das Gran
im Ungeheueren,
von dem der Zahl
und Unzahl Meister
Wissen haben.

Entstandenheit,
die sag mir;
woher
des Herzens Herz,
das sag mir . . .

Dies sag mir
an der Endlichkeit
zuckendem Rand.

WOHL EIN
schwerer Traum . . .
die »Gottesgedanken«
deutlich . . .

Ich sah
den Leib
in seiner Arbeit,
den Macher,
gemacht aus sich selbst . . .

Ins grundlose Blau
stach
sein Finger.

NICHTS
dir so bekannt,
wie daß
auch Vernunft
sterblich sei.

Sie, des Traums
Seherin.

DENN ALLES GEHT SO.

Dreh du dich
ins Notwendige . . .
daß du dir erklängest,
ein Beispiel.

Von Nahem
ein schlagendes Herz,
von ferne
ein totes.

Der Kreis,
vom Blute
gezeichnet . . .
o Gegenstand!

SICH NICHT
noch einmal
erfinden.

Eine Weile
noch gehen
zwischen blinder Luft.

Sein ist schrecklich
neben dem Äugen
der Blume.

ES KAM DIE NACHRICHT
zu gehn an die See,
nördlich, und ich
wollte auch wissen
unterdes, was es
sei mit dem Anfang
der See, Ende oder
Mitte (die schwerste
Betrachtung).

Es erkannten einander,
die kamen
in gleicher Absicht.

Und es wurde
mit Gischt der Wogen
(schön und atmend das Wetter)
Lust gewebt zur Nacht.
Nicht gewußt, daß mir Liebe
geweissagt war
aus der Liebe.

DU MEIN
wälderreicher
Todesgedanke . . .

Die Blätterzungen
flüstern
einzige Liebe.

Und dem Zweige geb ich,
die eine Sage heißt,
Nachtigall,

daß sie sänge
so lange
wie ewig.

AM ENDE SAGT
von zweien
der eine noch:
Ich hab
dich eingelebt
in die Verlassenheit.
Am Ende sagt
von zweien
der andere noch:
Sieh, alles Nahe
ist so weit,
so weit.

AM RANDE DES MEERS,
vom Horizonte gezogen –
»zu Rande«, das ist
woanders.

Zu Rande:
die Ankunft von jedem.

Ach, ein Spruch!

Mir ist
vor Augen
die Strecke,
um Hügel gewunden
und Hügel . . .

Hier,
nimm die
Unsinnsblume
vom Wegrand.

VON DRAUSSEN SPRECHEN,
vom jährigen Wetter,
der Schneebrüchigkeit,
der ungeteilten Helle
des alten Lichts?

Nein. Nicht.

Auf den Kopf
sag ich mir zu,
aufs Eingeweide
Entsetzen.

Noch kann ich
warten auf dich.

ALS WÄR ER
aus Granit: so
den Kopf spürend . . .
Laß, Zöllner, mich vorbei,
daß ich mich niedersetze
in deinem Nichtland,
die Augäpfel in den Händen . . .
da käme sie, sehr jung,
von Schlaf betäubt,
und äße
wohl einen davon.

UND
würdest du
mir so schwer
wie die ganze Erde:
der Anfang war
schon selig,
so schnell
am Meer.

Dein Vater
im Todestraum,
deine Mutter,
sich spiegelnd
in ihrer Mutter
Spiegel,
sie sahen uns
den See vorbei-
tragen am Meer,
den Wald am See
und den Himmel am Wald.

Es schließt sich
dir und mir der Schluß:
der Schlaf
mit der Welt
in süßer, in
schrecklicher
Lust.

ER IST, der Leib,
in seiner Arbeit
kein Traum
und ein Traum.

Blick ihn an,
den Fremdling,
damit du
ihn hieltest

und hättest,
einen Nächsten,
nah dem Bodenlosen
hier.

WENN WIR
entblößt sind
bis auf den
Lehm, dann
ist die Rede
richtig vom
Sangbaren.

Zu Ende gedacht
den geborenen Menschen,
tönt's zurück.

ES SCHLUG EINER,
ein Lehrer,
mit dem Stock auf den Tisch:

Zu sterben, das ist
Grammatik!

Ich lachte.

Nimm den Leib
wörtlich, das Wort
leiblich.

Ich lachte.

Ich starb.

DAS ZU
Erfahrende, das zu
Verhandelnde heißt
ICH und ist
beim Messen des Menschen
ein Beispiel,
über demselben Versuch
von Toten gebaut.

KIND KEINER
Jahreszeit,
sondern des wittrigen
Rätsels von je . . .

Sommer . . . gegönnter . . .
So dieser, überm
Gottesgerippe flammender
oder der schmierigen
Seine.

Das Meine
ist als das Meine
ungequält
ans Allgemeine, ihr Nachbarn,
unser Leben und Sterben,
Sterben und Leben
gegeben.

Denn manches
reimt sich.

LANGSAME ZEIT,
Zeitlangsamkeit,
Wortlangsamkeit,
langsam, ich sage
ein Zeitwort,
ich sage es dir
zum Vertraun,
es ist
Sterben darin,
Mond und Sonne,
die Glut,
die Häuser anzündet,
Glocken auch,
daß sie schimmern.

Ein Jahr
ist kein Glück,
die Toten
sind keine Helfer.
Darum
komme von deiner Seite
mir der Bescheid
irgendwie, wie
es weitergeh
und so weiter
zuletzt.

IN SÈTE

Den Stein verstand ich,
der die Namen trug,
ihn waagrecht, sein Gewicht.

Die Schädel drunten
dacht ich so: es wäre
Lehm daraus zu löffeln.

Bewußtsein, überlebt
vom Stoff.
Ich war

der Atmende, aufrechtes
Tier auf Erden noch –
im Weltriß häuslich.

O STILLSTAND

wie ein Grab.
Es schleudert Gischt das Meer
in diese Bucht.
Die Hand
vom Wirklichen geführt:
die lange Kunst gesponnen.
Der pünktliche Gedanke
fällt mit dem Strich
des Horizonts zusammen.

Spät ists.

ENTSCHLAFEN, ent-
träumt,
nicht einmal
ein Halm.

Denk es,
und zur Kugel
nimm dich
zusammen.

Die meisten
Sterne
sind leblos.

DER NEBEN MIR
wirft die Glieder,
der neben mir ringt
wie nach Atem um Sprache,
und ich seh meinen Bruder
vom Leben getrennt.

Der Mensch
hat sein Lied zu singen,
und bin ich auch
gerüttelt von der Weltstille,
ich will nichts werfen
über seinen Scheitel.

DU HÖRST MIR ZU,
ich hör dir zu.

Zu leben und
zu lieben die Dinge

(ein Satz von dir), wie
soll das gehn?

Man hat wohl Liebe
genug. Doch

keinem Leide, das
vollkommen Leid ist,

und keinem Tode
helf ich auf.

WEISHEIT, müßige Weise,
mag auch ein Schnitt gehn
scharf durch Augen.

Nicht können
die ganze Liebe und Schuld,
das ganze Entsetzen.

Auch schämen nicht immer,
so an Tagen,
die schmecken.

SITZEN IM EIGENEN
Haus, bei Fenstern
schwachäugig. – Zu ermessen
des Menschen Elle
ist traurig, aber
sie wollen doch wohnen.

Wars gestern, da
hast du von jungen Tänzern gehört,
die verbrannten,
Liebliche nie gesehen,
behältst du das?

Wenn es im Erdkreis,
ja, wie du willst,
vor der Haustür, gräßlich
gibt, wen grauts?

Über den Begriff
geht mir
des Ganzen Trost.

SAGE VOM GANZEN
den Satz, den Bruch,
das geteilte Geschrei, den
trägen Ton, der Tage
Licht.

Mühsam
im gestimmten Raum
die Zeit in den Körpern,
leidiges Geheimnis, langsam.
Tod immer.

(Und ich wollt doch
das Auge nicht missen
entlang den Geschlechtern nach uns.)

Sage: DIES ist kein anderes.
Sage: So fiel, in gemeiner Verwirrung,
der Fall. Sage auch immer:
Die Erfindung war groß.

Du darfst nur nicht
Liebe verraten.

DAS WAR
gemacht, um
da zu sein
und zu verschwinden.

Der Schlange Zunge
hat in dem Spalt
von Tag und Nacht
gefunkelt.

Genug. Die
einzige Ewigkeit
verbracht.
Genug, vorbei

Unsinn und Sinn
der Sinne.

HAUPTSÄCHLICH
Lebenspfade.

Mit den Binsen
geschwätzt und auf Schilf
Denken geschrieben.

Den Menschen
nicht verlassen,
ihn fürchtend auch.

IN STÜCKEN SEINES
Begriffs,
vom Schleim umwunden
der Zeitschlange,
todestöricht der Mensch.

Im Jedermannsland,
im Viereck auf Papier
tun sich täglich
Namen davon.

Was du selber
lebst, gib acht,
schon vergangen.

NICHT VOM
Planeten, dem Vater,
nicht von dessen
Vater, dem Raum,
der Abgrund,

sondern wir
gähnen ihn,
träge,
in der Angst,
verstörend einander.

Am schwersten
reichen die Menschen
ans Eigene,
allzu sterblich.

DENK, in den
Jahrtrillionen
darfst du
kein Heimweh mehr haben
nach Mensch und Erde.

DIES, daß du
ein Kind warst
des Alls,
ist dahin,
und wo

ist die Unheilige,
die Mutter mit Sinnen
allsamt geblieben
und wo
das Gestirn, das uns schien?

Mir schwindelt.

Ich wünscht auch,
eh geendet, ich säh
einen Traum.

HIER,
gekrümmt
zwischen zwei Nichtsen,
sage ich Liebe.
Hier, auf dem
Zufallskreisel
sage ich Liebe.
Hier, von den hohlen
Himmeln bedrängt,
an Halmen
des Erdreichs mich haltend,
hier, aus dem
Seufzer geboren,
von Abhang
und Abhang gezeugt,
sage ich Liebe.

GETÖTET
von sich selbst, im Tode
leider auch entrückt
der einzigen Gewalt,
die Liebe hieß.

Niemand begreift
dies Lösliche,
es sei denn, er verstünde
die ganze List.

Dies ist ein Lied.

UND BIS ZULETZT
zärtliche Wissenschaft.
Das Vergebliche, kann sein,
nicht umsonst. Das
wirklich Nichtige aber
ist voll deutlich
immer da.

Es bleibt,
daß ich der Erde gehöre,
grausiger Mutter, in
geliebtesten Augen dunkelnd,
gehöre dem männlichen
Gestirn, ein

Same des Zufalls,
von des Äthers
Neugier gekauft.

FLEISCH, mein Wort,
einverleibend zeit-
kindlichen Spott,
Körper, bald

selbstvergessen im
Grabgeruch, während
der Äther
ohne Begierde herrscht.

Gott, dieser Gott:
der gehöhlteste Name
streicht sich,
vielkönnend, durch.

IM SCHLAF UND
in Schluchten des Schlafs,
wenn du der Einen begegnest,
die sich nach Lüsten
zu erkennen gibt
als die Tote
mit schlagendem Herzen,
als die Mittlere
des gemilchten Raums
voll Gelächter der Knie
und der Schenkel,
und dich wirft alsbald
ins Labyrinth
begreifbaren Traums.

DAS
Geschriebene, das
geschrieben Gemalte,
gleich der Spirale,
träumerisch,
das, was ich tu,
solang ich mit den Sinnen
begreife.

Aber kurz
ist die Zeit.
Grabher
befremdet dich oft
die eigene Hand.

Und:
ein Törichtes,
fragst du, was denn,
zerstöbe einst
dieser Stern und
der schreckliche Plan,
worin doch
das Herz gewesen,
die Frucht aller Früchte
sei.

ER, der Einsilbige,
dreimal ein Buchstab,
macht, wofern nicht
Unglück ist, vollkommenes,
einen Verstand. (Das hat
einer von uns gesagt.)
Er macht die Zeile, so daß
Lebendiges sich sieht
im Gehn.

DER zeichnet Mücken
in die Luft. Der schreibt
die Schwalbe, Fängerin,
mir in die Augen. Der
läßt dich schreiben. Der,
ziemlich hell, streicht durch.
Der streicht den Schreiber durch,
wenn es der Tag ist.

»UNTER DEM TIEFSTEN FLÜGEL
der ältesten Taube«
verbirgt sich
der Gegensinn,
widerlaufend dem Schlage.
Wo das Älteste ist,
sitzt Verneinung im Neste,
gramäugig unermeßlich.

WIEDERHOLEND
geschriebenes Gedächtnis:

Hab ich dir
nicht vor Zeiten
gesagt, daß wir
uns wiedersähen
im Ungereimten,
wo der Schmerz über
der Kruste der Erde
wäre das Glück?

Dies, die Liebe
noch einmal, dann,
wie das Gesetz ist,
nie mehr.

Schweigsam
nach den Zeiten
das unbedingte
Geständnis.

EINE MAHLZEIT
war essend; es lagen
Sonne und Mond
in der Schüssel.

Du
mir entgegen im Scheine.
Staub
umschwebte uns zärtlich.

DIES GIBTS
von verwandten Leuten
zu sehn:

die ebene Fläche,
vom Gärtner gemacht,
Vater und Mutter zum Beispiel,

grabsäuberlich,
Leben beglichen.
Ach, der Gedankensohn.

WIR LEBEN
von den Entfernungen.

Der Tod
kommt uns vor
so weit wie der höchste
Stern.

Ein Geschäftiges der Natur
setzt Maße in uns.

EWIGKEIT –
fast als Gegenstand
erscheint sie
schlechtem Begreifen.

Sie ist aber
nie, niemals endendes
Fließen und Fliehn.
DENK ES GENAU.

Ob die Zeit
sich verzehre als Zeit,
der Leichnam
fragt es nicht.

DIE ERZÄHLUNG
von dem, das war,
ist nur enthalten
im Zerfall.

Die Toten nämlich,
unfähig sind sie
der umständlichen
Fabel ihrer selbst.

Dabei
wäre das Grab
gerade der Ort
von Erzählen.

WAS ERDE SEI,
erfahre ich nicht,
wenn ich selbst
Erde bin.

Es ist also Leben
alles, es ist
der Erkenntnis Ton
in den Sphären.

DIE GESTALT, die
Dasein heißt,
hat zum Vater
der Abgründe Abgrund.

Und die Mutter,
sehr glänzend,
heißt Weh,
diesseits und jenseits.

Gerettet sind wir
durch nichts,
und nichts
bleibt für uns.

DU ERDE VOLLER SCHÄDEL,
was sag ich, und was
ist Sagen?

Es macht die Todesrechnung
den Zwang,
das Rechte zu finden.

Das ist seltsam,
und eine Dankbarkeit
gibts.

Im Jahre 1932, sein Autor war damals 21 Jahre alt, ist im Verlag Marburger Flugblätter der erste Gedichtband erschienen: AUSSTELLUNG, Gedichte von Ernst Meister. Als Motto war ihm ein Zitat aus dem ersten Paragraphen von Jean Pauls ›Kleiner Nachschule zur Ästhetischen Vorschule‹ vorangestellt:

> In der Tat ist das Leere unerschöpflich, nicht das Volle; aus dem Luftmeer ist länger zu schöpfen als aus dem Wassermeer; und dies ist eben die rechte schriftstellerische Schöpfung aus Nichts . . .
> Ich hoffe, wir haben mehr als einen Romanschreiber aufzuweisen, der, ohne andere Schätze in seinem Kopfe zu haben als seinen einfachen Wasserschatz, die mannigfaltigsten Formen und Geschichten und Gedichte . . . zu geben weiß, so wie ein geschickter Wasserwerker sein Springwasser bald als Glocke, als Feuergarbe, ja als Trinkgefäß aus den Röhren steigen läßt.

Ein bizarres Bild also, in der besten Manier des reifen Jean Paul aus einem poetologischen Grundproblem hervorgetrieben: der creatio ex nihilo, der Schöpfung aus Nichts. Die Schriftsteller und Gedichteschreiber als Wasserköpfe, die ihre kunstvollen Fontänen aufsteigen lassen, im Idealfall in der Form eines flüssigen Trinkgefäßes. Das gemeinplätzigste aller Vorurteile gegen Literatur ist damit angesprochen und ironisiert. Ironisiert zugleich aber auch, das geht aus dem nicht zitierten Kontext klar hervor, die Eitelkeit der Literaten, die vornehm anstatt aus dem Vollen aus dem Leeren schöpfen und zu jeder Frühjahrs- und Herbstmesse ihre Produktion vor dem staunenden Publikum ausstellen. Es sind jene Zunftgenossen, die sich der Lernanforderung, die Jean Paul mit seiner »Vorschule der Ästhetik« an sie gestellt hatte, verweigerten. Es sind die Originalgenies. Jean Paul hat diesem ersten Paragraphen seiner Nachschule die Überschrift gegeben: ›Poetische Nihilisten‹.
Ernst Meister hat, indem er die Stelle zum Motto seines Gedicht-

bandes umfunktionierte, das Zitat absichtlich um seine auffälligsten Ironiesignale verkürzt, den Hinweis auf Ostern und Michaelis gestrichen, damit aber nur seine hintergründigere und geradezu kosmische Ironie zum Vorschein gebracht. Der witzig-ehrwürdige Ahnherr war selber Nihilist im besten Sinne des Wortes und das Nichts mehr als ein polemischer Scherzartikel für ihn; die ›Rede des toten Christus vom Weltgebäude herab, daß kein Gott sei‹ bezeugt es.

Ernst Meister sah sich von Anfang an in dieselbe Spannung zwischen Sein und Nichts gestellt, die auch und möglicherweise vor allem eine poetische ist. Eines der Gedichte des ersten Bandes trägt die Überschrift: »Toter Dichter auf dem Meeresgrund«, und gleich im ersten Gedicht der Sammlung, das auch die vorliegende Auswahl eröffnet, wird das Nichts evoziert, als Gegenchiffre zu jener der Welt.

In einer autobiographischen Aufzeichnung sagt Ernst Meister über jene Zeit:

> Ich selbst, der, ohne klassische Aufforderung, in dem Erstaunen lebte, daß überhaupt etwas sei und nicht nichts, fürchtete mehr als Veränderung: daß plötzlich das Universum still stand oder gar verschwand, mitsamt meiner noch nicht einmal mündig gewordenen Person. War ich neurotisch? Ich fühlte mich in einem spannungsvollen negativen Advent.
>
> Ungeachtet so beschaffener Weltangst, der ich Solides hätte entgegensetzen sollen, ließ ich, vielleicht schon angesteckt von Rimbaud, »den Menschen« einen anderen werden, machte ihn zum »homme machine bleue«, setzte seine gewachsene Kausalität außer Kraft . . . In der Malerei war das ja schließlich auch schon geschehen. Mit entsprechender Einsicht nannte ein Kritiker der »Vossischen Zeitung« meine Produktion »Kandinsky-Lyrik«.

Kein Zweifel, Ernst Meister hatte dem Mythos vom Ich als Individuum und Persönlichkeit bereits den Abschied gegeben, er war zum charakteristischen, in seinen Zusammenbrüchen reproduktionsfähigen Ich der modernen Lyrik übergegangen, zum »Je est un autre« Rimbauds, zum hyperämischen Stunden-Ich Gott-

fried Benns und den Abbreviaturen August Stramms. Das war die Ausstellung, die Exposition. Sie war gerade noch im Jahr vor dem Amtsantritt des Unmenschen geglückt.
Es spannt sich von da über die finsteren Jahre hinweg ein Bogen zum erneuten, erfahreneren lyrischen Auftritt in den fünfziger Jahren, und weiter bis zum Gedichtband von 1970 »Es kam die Nachricht«, in dem die Suche nach einem lyrischen Du thematisiert wird. Diese Liebesgedichte, wenn es welche sind, wurden aus einer längst selbständig gewordenen Sprache entwickelt, die auch noch die Gefühlsaggressionen hinter sich läßt und an ihrer Stelle die Provokation durch die Umwelt in sich aufgenommen hat.
Dazwischen liegt die Erfahrung des Schweigens, und sie ist sehr konkret in den Versduktus eingegangen, als eine Verknappung, der nichts Spielerisches mehr anhaftet. Die frühe Bezugnahme auf die Jean Paulschen Wasserkünste scheint hinfällig geworden zu sein — nicht verschwunden ist die Grundspannung, sie hat sich nur immer weiter verdichtet.
An dem Gedicht »Die Meister aber sagen«, das hier die Auswahl aus dem Band »Flut und Stein« von 1962 eröffnet, läßt sich der Vorgang paradigmatisch erkennen. Dreißig Jahre nach »Ausstellung« genügt eine einsame Rune, die Vokabel »gekrümmt«, um den großen Traum vom Tiger des Alls in wenigen Verszeilen von ebenso großer Intensität zu entfalten und zu einem knappen, eindrücklichen Abschluß zu führen. Das im besten Sinn Konstruktive der Meisterschen Lyrik setzt sich hier klar und entschieden durch. Der Duktus des späten Hölderlin wird hörbar, diesseits der unter seinem Namen umlaufenden Bildungs-Versatzstücke alter und neuer Bauart. Fernöstliches klingt an, in dem genauen Sinn, in dem schon Ezra Pound sich von dessen ideogrammatisch verdichteter Naturnähe faszinieren ließ. Zugleich ist das Erbe Rimbauds und Mallarmés bewahrt, aber nicht in jener inzwischen ausverkauften Meinung, wonach daran nur die Retortentechnik und Machbarkeit des Gedichts relevant sei. Manchmal ist man versucht zu fragen, ob Meister einer der vier berühmten, großen, gänzlich unbekannten Dichter aus dem

Prolog zu »Der Tor und der Tod« ist.

Sein Wiederauftritt in den Fünfziger Jahren, die man auch im Rückblick noch durchaus als das ›lyrische Jahrzehnt‹ der jüngeren deutschen Literaturgeschichte gelten lassen kann, als das sie damals erschienen, war keineswegs unbemerkt geblieben, und unter Kennern etablierte sich damals schon die Einsicht in Meisters fast einsamen Rang. Aber der Ruf geheimer Größe kann auch zum bequemen Klischee erstarren und ein Handicap werden. Zudem beanspruchten lange Zeit nicht nur der verführerische Tonfall des späten Benn, sondern auch die wiedererwachte Tradition der modernen Naturlyrik, der sich schließlich selbst Brecht wieder näherte, und vor allem eine jüngere, jetzt erst antretende Generation mit ihren großen Talenten und bleibenden Manifestationen die Aufmerksamkeit des auf Lyrik ansprechenden Publikums.

Diese Öffentlichkeit, wie begrenzt sie immer sein mag, ist auch heute noch oder wieder da, und die Mär vom vergessenen Dachstubenpoeten wirkt antiquiert. Das kritische Bewußtsein dürfte inzwischen stark genug geworden sein, um auch der kontinuierlichen Leistung Ernst Meisters nur zugute kommen zu können, und die Anzeichen dafür mehren sich. Es ist eine Leistung, die dem Rezipienten einiges abverlangt: den Blick auf das ›Totum‹, um das es Meister nach eigenem Zeugnis immer gegangen ist, und zugleich das Verständnis für die taubenfüßige und hartgefügte Reduktion, mit der die Verszeilen kurz und die Gedichtbände schmal gehalten werden.

Auf eine Formel gebracht erscheint das lyrische Programm Meisters im Titel des 1972 veröffentlichten Bandes: »Sage vom Ganzen den Satz«. Sie ist nicht betulich zu verstehen, sondern enthält Sprengstoff, denn »DIES, daß du/ein Kind warst/des Alls, ist dahin,« – dennoch gilt es den Satz zu sagen, auch wenn er nicht mehr der landesüblichen Syntax gehorcht, sondern ihr Konzentrat ist. Die von Ernst Meister selbst zusammengestellte Auswahl aus seinem lyrischen Werk ist eine Herausforderung, dem zu folgen.

Beda Allemann

INHALTSVERZEICHNIS

AUSSTELLUNG 1932
Monolog der Menschen 5
L'homme machine bleu II 5
Der Gebückte 6
Das Dunkel 6
Die Kühle 7
Alles beruht auf sich 7

UNTERM SCHWARZEN SCHAFSPELZ 1953
Melancholie 8
Ausflug des Schreis 9
Gründonnerstag 10

DEM SPIEGELKABINETT GEGENÜBER 1954
Nahkampf auf einem Rosenfeld 11
Im Stalle zu B. 12
Hasenwinter 13
Zerstreuung eines Fisches 14
Aus Stroh ein Strauß 15
In den Falten der Harmonika 16

FERMATE 1957
Einmal wird die Katze 17
Après Apreslude 18
Ein Kind sagt 19
Es war da ein anderes Haus 20
Jetzt 22
Das Blau 23
Fermate 24
Ich will weitergehn 25

PYTHIUSA 1958
Eingeboren 26
Plötzlich 27

Hirtin 28
Ich sah 29

ZAHLEN UND FIGUREN 1958
Gedächtnis 30
Sprichwort 31
Das Ich 31
Geborgen und gefangen 32
Himmel der Kreatur 33
Küste 33
Antiquitäten 34
Schwermut 36
Weißes Mark 37
Sie lachten 37
Verbrieft ist Moder 38
Manchmal 39
Was Götter waren einst 39
Ich war eine Herde 40
Nach tunkenden Donnern 41
Zeigen 41
Verhör 42
Mond 42
Womöglich wohnlich 43

LICHTES LABYRINTH 1960
Winterlich I / IV 44
Einfache Schöpfung 45
Ein Kind 46
Auf jenen Harmonien 46

DIE FORMEL UND DIE STÄTTE 1960
Der Grund kann nicht reden 47
Skorpion 48
Bezirk 49
Das Pfeifen der Fledermäuse 50
Vogelwolke 51

Strohernes Licht 52
Drossel 53
Nächtlich 54
Euch, Tulpen, Narzissen 55
Stern der Reise 56
Ich sage Ankunft 57

FLUT UND STEIN 1962
Die Meister aber sagen 58
Wirkliche Tafel 59
Atem der Steine 60
Zeiten 61
Es ist die Stunde 62
Den ich nicht weiß, nimm du 62
Etüden (Auszug) 63
Es ist aber 66
Hierorts 68
Jenseits von Jenseits (Auszug) 69

NEUE GEDICHTE 1964
Denken, grün oder 75
Und ich will mich 76
Etüde 76
Anderer Aufenthalt (Auszug) 77
Vor einer Zeit noch 78
Oder beides 79
Altes Motiv 80
Etüde 80
Reden und Schweigen 81
Menschenlied 82
Sicherheit 82

ZEICHEN UM ZEICHEN 1968
Hier – wie 83
. . . das wäre 83
Himmel 84

Sprängest du denn 84
Mittag, großes 85
Das Geflimmer 85
Und bei 86
Ich mache mein Bett 86
Ich sah 87
In meinem Bett 87
Regenbogen 88
In dem Gewölbe, dem 88
Wo es 89
Das Himmlische 89
Wohl ein 90
Nichts 90
Denn alles geht so 91
Sich nicht 91

ES KAM DIE NACHRICHT 1970
Es kam die Nachricht 92
Du mein 93
Am Ende sagt 93
Am Rande des Meers 94
Von draußen sprechen 95
Als wär er 95
Und 96

SAGE VOM GANZEN DEN SATZ 1972
Er ist, der Leib 97
Wenn wir 97
Es schlug einer 98
Das zu 98
Kind keiner 99
Langsame Zeit 100
In Sète 101
O Stillstand 101
Entschlafen, ent- 102
Der neben mir 102

Du hörst mir zu 103
Weisheit, müßige Weise 103
Sitzen im eigenen 104
Sage vom Ganzen 105
Das war 106
Hauptsächlich 106
In Stücken seines 107
Nicht vom 107
Denk, in den 108
Hier 109
Getötet 109
Und bis zuletzt 110
Fleisch, mein Wort 111
Im Schlaf und 111

SCHATTEN 1973
Das Geschriebene 112
Er, der Einsilbige 113
DER zeichnet 113
»Unter dem tiefsten Flügel 113
Wiederholend 114
Eine Mahlzeit 115
Dies gibts 115

NEUE GEDICHTE 1976
Wir leben 116
Ewigkeit 116
Die Erzählung 117
Was Erde sei 117
Die Gestalt, die 118
Du Erde voller Schädel 118

NACHWORT 119